A Kalmus Classic Edition

Bela

BARTOK

BEAR DANCE

FOR PIANO

K 03124

Kalmus

BEAR DANCE

Piano Solo

Bela Bartok

cresc.
pesante
poco allarg.
a tempo
molto marcato
simile
dim.

cresc.
pesante
poco allarg.
a tempo
poco marcato
sempre p
dim.